DE L'OPPOSITION

ET DE

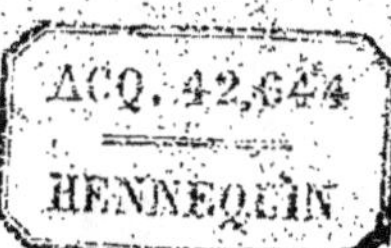

LA LIBERTÉ DE LA PRESSE.

Par Joseph TUROT.

> Je sais qu'avec des bastilles, une Guyane et des
> canons, on met en poudre les meilleurs raisonne-
> mens, que l'on récuse l'évidence ; mais embastiller,
> déporter, fusiller, tout cela n'est pas répondre, et
> quelque puissant qu'on soit, il est des attentats dont
> on doit craindre de combler la mesure. (*Page* 21).

Se trouve à PARIS,

Chez { BRIGITTE MATHEY, Pelais-Egalité, galerie
de bois, à côté du café Elie.
L'AUTEUR, rue Helvetius, maison des
Ambassadeurs.

Et chez tous les marchands de nouveautés.

AN VII.

DE L'OPPOSITION

ET DE

LA LIBERTÉ DE LA PRESSE.

APRÈS dix ans de la plus orageuse naviga-
tion, nous sommes repoussés au point du départ:
on met en question la liberté de la presse;
toute opposition au gouvernement est réputée
criminelle; la liberté politique est tournée en
dérision ou proclamée dangereuse, et la liberté
civile chaque jour outragée impunément. Ce
qui ajoute à tant de maux, c'est la crainte qu'ils
inspirent; et le torrent de l'iniquité s'accroît
de ses ravages. Toutefois, sans nous laisser
intimider, comme aussi sans affecter l'audace,
nous oserons rappeler et publier de nouveau
les principes qui ont motivé, fait et soutenu
la révolution et la République et qui seuls,
s'il en est tems encore, peuvent en prévenir

la ruine. En ceci, nous ne consultons point nos forces, mais nos devoirs : si nous avions l'honneur de représenter le peuple, nous serions à la tribune ; un simple citoyen ne peut qu'écrire.

Il faut donc établir la légitimité de l'opposition et l'incompressibilité de la presse ; il faut donc prouver qu'on n'est point un conspirateur pour s'opposer aux dilapidations qui dévorent la République, aux scandales qui la déshonorent ; il faut donc prouver que se roidir contre l'asservissement n'est point vouloir un roi, ni provoquer l'anarchie ; il faut donc prouver que l'opposition et la liberté de la presse sont nécessaires et inséparables dans un pays libre et favorisé d'une grande population ; il faut donc prouver que dans une République, il doit y avoir de la liberté !....... Enfin, il faut prouver la lumière !

DE L'OPPOSITION.

C'est un principe reconnu que par-tout où les hommes ont des droits politiques, il ne suffit pas seulement qu'ils la connoissent, il faut aussi qu'ils la défendent ; et que là où ils sont en grand nombre, la parole devenant

(5)

insuffisante pour la communication de la surveillance et des moyens, la defense seroit impra-
ticable ou vaine, si l'on n'avoit recours aux
écrits. Croire que ces droits une fois proclamés, il n'y a plus qu'à jouir, se reposer et
laisser faire, c'est ne connoître ni les hommes,
ni les choses.

Quelque perfectionnées que puissent être les
institutions politiques, étant son ouvrage,
elles tiennent de la nature de l'homme, princi-
palement les combinaisons républicaines, où les
idées religieuses ne sont jamais qu'accessoires.
Ces institutions manquent donc inévitablement,
plus ou moins il est vrai, de cet équilibre que
l'homme n'a point et ne sauroit donner; mais
de quelque côté qu'elles inclinent, c'est-à-dire,
soit qu'elles favorisent la concentration ou la
division des pouvoirs elles doivent rencontrer
des obstacles naturels et salutaires. Aussi long-
temps que ces obstacles ne sont point renversés,
l'institution reste pure, et les citoyens sont
gouvernés selon qu'ils ont consenti et que
chaque jour ils consentent de l'être; sont-ils
détruits? le gouvernement devient illégitime
en changeant de nature, ou bien il y a révolution et absence de gouvernement. Sans se rendre
bien exactement compte des motifs, mais dans

le fait pour prévenir l'abrutissement de la servitude et les horreurs des révolutions, les
hommes contractent tous naturellement et
respectivement l'esprit d'opposition : dans les
gouvernés c'est à résister à l'action du gouvernement que cet esprit consiste, et dans les
gouvernans c'est à l'accroître. Cette tendance
essentielle des gouvernemens à l'accroissement
de leurs forces provoque la résistance, et par
cette résistance même, leurs forces se main-
tiennent et s'accroissent. C'est dans cet état de
choses que se trouve le seul supplément (1)

---

(1) Quoiqu que ce soit une idée assez neuve, pourtant
ne seroit-ce pas aussi une grande vérité de dire que la durée
d'un état peut se calculer exactement sur le nombre des chances
respectivement accordées aux gouvernans et aux gouvernés ?
Quand les chances sont inégales, et de plus quand elles sont
rares, c'est-à-dire, quand tout est fixé, prévu, la constitution est vicieuse, et un peu plutôt, un peu plus tard, il y a
changement avec violence ou dissolution ; quand elles sont
égales et nombreuses, sans avoir réellement plus d'équilibre,
la constitution a plus de moyens d'y suppléer ; elle est par-
faite. Les chances s'épuisant alors plus lentement après des
siècles d'existence, l'état périt enfin de vieillesse, car toujours est-il que rien n'est éternel. Néanmoins, que la constitution d'aucun peuple ait eu l'honneur d'une pareille fin,
c'est ce qui ne s'est point vu encore ; et s'il faut l'avouer,
le grand œuvre de la commission des onze ne nous paroit
point du tout réservé à l'accomplissement de ce miracle.

possible à l'équilibre parfait qu'on ne sauroit espérer de rencontrer dans les institutions humaines. Ceci explique ce qui jusqu'à présent n'a été que remarqué; savoir, comment les Républiques sont plus agitées que les gouvernemens mixtes; comment ceux-ci le sont plus que les monarchies qui le sont plus aussi que les états despotiques où l'opposition comprimée à l'excès, n'y est sensible que par intermittence.

Pour réfuter ces principes qui tiennent à l'essence même des hommes et des choses, il faudroit pouvoir citer un pays où les gouvernans et les gouvernés n'aient point eu de passions, ce qui au fond ne prouveroit guère encore, car il faudroit prouver ensuite comment des êtres sans passions auroient eu besoin de gouvernement, et comment n'en ayant nul besoin, ils auroient cependant été assez sots pour s'en donner. Quand par égard pour certains limitateurs de la pensée et de la presse, grands ennemis de toute opposition, on admettroit la ridicule hypothèse d'un gouvernement inutile, de gouvernans toujours modérés, et de gouvernés toujours libres, les uns et les autres sans passions, où seroit la possibilité du mouvement, quand nul n'auroit intérêt ni vo-

lonté de se mouvoir ? Et que seroit un gouvernement sans action motivée ni même possible ?. . .Mais que sert la réfutation de quelques misérables prédicateurs de servitude ?
Poursuivons : si donc, comme il est démontré par le fait, les hommes ont des passions,
si c'est précisément à cause d'elles et pour les
contenir qu'ils ont des gouvernemens, il en
résulte évidemment la nécessité d'opposer en
certains cas (2) ces passions les unes aux autres,
afin d'en amortir l'action, sans détruire le
mouvement, et d'obtenir au moins un équilibre factice. Méprisez cette règle, et nul gouvernement n'est durable ; tous changeront
incessamment de formes au gré de ces passions
déchaînées et sans arrêt. Et qu'on ne s'imagine
pas les contenir autrement que par elles mêmes,
et par des lois ; les lois y sont insuffisantes : la
preuve en est dans leur nombre qui se multiplie toujours et chez tous les peuples, en proportion de la pente de l'état vers sa ruine. Ainsi,
contre l'opinion des rois et de quelques hommes

------

(1) Cela est surtout nécessaire quand on ne veut point
avoir recours aux systêmes religieux, qui n'ont d'ailleurs de
véritable force que quand exclusifs et intolérans, ils extir-
pent du cœur les passions par une passion plus foite.

nouveaux qui pensent être hommes d'état, l'opposition est nécessaire à toute espèce de gouvernement et même au despotisme. Cette dernière assertion qui peut paroître étrange, est justifiée à Constantinople une ou deux fois par chaque demi-siècle : là, le despotisme, cette sorte de gouvernement la plus opposée au jeu légitime des passions, à cette réaction légale des forces et des pouvoirs les uns sur les autres, devenu impuissant par excès de pouvoirs, est obligé de retremper fréquemment dans l'anarchie son ressort anéanti par une tension trop forte. On ne sauroit donner aucune autre raison satisfaisante des infructueuses insurrections de Constantinople et des inutiles révolutions de Pétersbourg ; car comme on ne conçoit point d'effet sans cause, on ne peut concevoir aussi la continuité d'une action qui manque à la fois de motif et d'aliment : quand tout est envahi, que peut-il rester a faire ? Recommencer. Après trente ans de règne, Catherine II entrevit ce terme du despotisme, et rendit avec habileté quelques droits à ses esclaves, pour que ses successeurs eussent à les leur ravir.

Toutefois, si l'anar chie détruisant le despotisme en retrempe aussitôt le ressort, ce n'est point une contradiction des principes avancés ;

c'en est au contraire la plus exacte conséquence.
L'anarchie est le despotisme de la multitude,
lequel ne souffre pas plus d'opposition que celui
d'un seul ou de plusieurs : (1) dès-lors, plus
d'équilibre, plus de stabilité. Le peuple, dans
cet état, fait comme le despote : il abuse, il
ravit tout, jusqu'au moment où ne pouvant
plus abuser ni ravir, c'est de nouveau le tour
de celui-ci, avec cette différence, que l'unité
de volonté lui fournit des moyens de conservation qui manquent au peuple dans l'état d'a-
narchie. Mais qu'à Constantinople ou à Pétersbourg l'insurrection ne renverse pas tout en un
instant, que les opposans aient seulement assez
de forces pour réagir sur les forces opposées,
quoi qu'il put résulter de cet état de choses,
ce ne seroit assurément ni le despotisme, ni
l'anarchie.

---

(1) Pour peu qu'on ait lu l'histoire, voyagé et ouvert les
yeux, on sait assez qu'il y a encore d'autres despotes que
le Czar et le Grand turc, et que dans les olygarchies
et les aristocraties, on n'aime guères mieux la liberté et l'opposition que chez Sélim et Paul Ier. Ainsi, quand nous parlons
de despotisme, nous n'entendons pas seulement le gouvernement
où la volonté d'un seul fait loi, mais encore le gouvernement
où la volonté des gouvernans est et fait loi contre la volonté
du peuple et les lois constitutives consenties par le peuple.

Après avoir prouvé qu'il n'y a pas de gouvernement durable sans opposition incessamment active, il reste à expliquer ce qu'il faut entendre par opposition, et quels sont les moyens d'opposition propres à chaque espèce de gouvernement. Ce sujet neuf autant qu'important, et qu'il faudroit un volume pour envisager sous tous ses rapports, nous sentons tout ce qu'il y a d'inconvénient à le resserrer dans un cadre de quelques pages; mais, quoi! nous n'avons pas les forces nécessaires à l'enfantement d'un livre; en fussions-nous doués, nous n'en abuserions probablement pas à ce point, et n'ambitionnant pas plus que nous ne méritons, nous ne recherchons que l'avantage d'avoir ouvert la carrière, et montré dans le lointain le but à de plus dignes.

En politique, on entend généralement par opposition, un système constant de résistance au gouvernement. D'ordinaire, les ambitions et les intérêts particuliers, bien plus que le devoir et le saint amour de la patrie, déterminent la marche, et fixent les combinaisons de ce système; alors, et quoique salutaire dans quelques résultats, ce n'est qu'une résistance criminelle par ses motifs, qu'un charlatanisme digne de mépris : le plus souvent en Angle-

terre l'opposition n'est qu'ambitieuse et mé-
prisable.

Nous avons dit ce que l'on entendoit par
opposition, il nous faut dire actuellement ce
que l'on devroit entendre. Le sens reçu est évidemment trop resserré : il laisse supposer que
l'opposition n'existe que dans les pays où elle
est constituée, ce qui est faux ; il porte à croire
qu'elle doit toujours attaquer ou contrarier, ce
qui n'est pas exact. L'opposition existe dans
toute forme de gouvernement, et même dans
le despotisme, parce qu'elle est le résultat du
sentiment intérieur et impérissable que tout
homme conserve de sa liberté originelle (1).
La source de ce sentiment en indique assez
l'objet qui est la conservation, le bien-être et
la liberté des individus. Mais comme rien n'est
absolu, la combinaison des moyens de conservation, de bien-être et de liberté se subor-

---

(1) On dira que les gouvernans doivent avoir aussi comme
hommes, ce sentiment intérieur ; sans doute, et c'est par cela
même qu'ils accroissent incessamment leur puissance : ils
veulent être libres comme gouvernans, et les autres comme
gouvernés. C'est la combinaison de ces deux volontés qui
détermine la nature de toute institution politique, et qui fait
le ressort de tout gouvernement. Quand l'une de ces deux
volontés est réduite à zéro, il n'y a plus société.

donne naturellement aux circonstances, de
sorte que l'OPPOSITION n'attaque ou ne con-
trarie pas toujours et essentiellement le gouvernement. Des exemples tirés des anciens et des
modernes, prouvent qu'elle peut, au contraire,
en devenir en certain cas le plus formidable
appui. En 1660, les Danois consacrèrent le
despotisme. Vexés, pressurés, écrasés par les
nobles, ils confièrent au roi une autorité qui,
le rendant le maître de tous, frappoit aussi
leurs bourreaux, espérant sans doute respirer
plus à l'aise à l'abri de leur monstrueux ouvrage, trop éloignés qu'ils étoient de la puissance pour en redouter désormais les atteintes.
Quelquefois, dans l'antique Rome, on vit le
peuple abandonner ses tribuns pour le sénat.
C'est qu'alors il ne trouvoit pas dans une nou-
veauté proposée tous les avantages qu'on s'étoit
efforcé de lui faire appercevoir; c'est qu'alors,
au contraire, il voyoit, ou du moins croyoit
voir ou plus d'avantages ou plus de liberté
réelle dans le gouvernement du sénat. Ainsi
l'esprit d'opposition, effet indestructible d'un
sentiment naturel, existe dans tout gouvernement, et n'a point absolument d'action déter-
minée pour ou contre.

Les moyens d'opposition sont relatifs à la
nature des gouvernemens.

Dans les états despotiques, où l'apparence seule de l'opposition appelle le châtiment, ce n'est qu'après avoir été fortement refoulée sur elle-même, qu'elle manifeste par l'insurrection son indestructible existence. Les moyens, le désespoir les donne.

Dans les monarchies, les moyens d'opposition sont tout entiers et exclusivement dans l'opinion et dans les ordres intermédiaires entre le peuple et le monarque. L'opinion arrêta souvent Louis XIV, qui ne voyoit dans la noblesse que des soldats, et dans les parlemens que des juges; Louis XV, qui méprisa l'opinion, fut souvent arrêté par la noblesse et les parlemens. Il triompha enfin, et dès ce moment l'équilibre étant rompu par la compression, la révolution fut inévitable.

Dans les gouvernemens mixtes, l'opposition y est constituée, les moyens sont dans les magistratures mêmes, et le peuple influe, non pas seulement par l'opinion, mais par le droit.

Dans les Républiques, (non pas cependant dans les olygarchies qui ne sont qu'un despotisme à plusieurs têtes;) dans les Républiques, l'opposition ne sauroit être constituée. Cela est si vrai, que toutes les fois qu'elle se manifeste dans les magistratures, l'Etat est livré soudain

(15)

aux factions, la liberté constitutionnelle expo-
sée à leurs attentats, et que le plus souvent ce
n'est que par des irrégularités et des sacrifices
que l'on parvient à conserver l'un et l'autre.
La raison en est simple : dans les Républiques,
et sur-tout dans les Républiques démocrati-
ques, les *citoyens* étant égaux entre eux sans
distinction de caste, il n'y a point de corps intermédiaires (1) entre le gouvernement et le peuple, ainsi ce peut-être par leur moyen qu'on
essaye d'obtenir l'équilibre, comme il se pra-

---

(1) Depuis dix-huit mois à-peu-près, il est arrivé fréquemment à certaines personnes et à certains écrivains de considérer
le corps législatif comme un corps intermédiaire. En consen-
tant à croire que cette opinion ne soit qu'une erreur indivi-
duelle et non une tentative, il n'est pas hors de propos d'en
faire appercevoir la fausseté.

1°. Le pouvoir législatif est le premier pouvoir, même en
quelque main qu'il se trouve. Le grand turc est plus puissant
comme successeur de Mahomet que comme sultan, et chez
les Mahométans la loi, c'est le Koran.

2°. Rédacteur, gardien et interprète des lois, c'est lui qui
légitime, ordonne ou réprouve les actes exécutifs qui ne sont
pas textuellement tracés par la constitution et par lesquels, sans
cette garantie, la constitution pourroit être ébranlée chaque
jour et enfin renversée.

3°. S'il cessoit un instant d'être le premier pouvoir, il seroit
aussitôt subjugué et anéanti par la puissance exécutive. C'est
ce que l'Angleterre a vu sous Cromwel.

4°. Enfin, le corps législatif représente le peuple, lequel ne
peut être son propre intermédiaire.

tique dans les monarchies et les Etats mixtes.
De plus, quelle que soit la combinaison particulière des élémens constitutifs d'une République, cette forme de gouvernement ne présente
et peut-être ne comporte réellement que deux
pouvoirs distincts : le POUVOIR LÉGISLATIF,
le POUVOIR EXÉCUTIF; (1) et l'opposition constituée dans l'un des deux entraîne nécessairement
la ruine de l'autre. Constituer l'opposition dans
la puissance exécutive, seroit un renversement
monstrueux de tous les principes (2), les suites

---

(1) Il n'y a eu de POUVOIR JUDICIAIRE dans aucune République, non pas même dans celles de Venise et de Berne, et les
compilateurs politiques qui sont tombés dans cette erreur, ne
font pas plus autorité en cela qu'en toute autre chose. Quoiqu'on en puisse dire, il n'y a pas plus de pouvoir judiciaire chez
nous, qu'il n'y en a eu dans les autres Républiques, à moins
qu'on ne veuille appeler ainsi, par dérision, des commissaires,
des greffiers, des juges, des assesseurs, des suppléans nom-
més avec indifférence, cassés, chassés sans raison et renommés
sans choix. Autant vaudroit dire alors, que nous avons un
POUVOIR MILITAIRE, parce que nous avons des généraux, des
chefs de brigade, des commandans de bataillon, des capitai-
nes, des commissaires-ordonnateurs, etc. ; assertion, du reste
moins étrange, si l'on considère que l'armée fait corps et a
puissance, tandis que le POUVOIR JUDICIAIRE n'a dans le fait
aucun pouvoir et n'est pas même un corps.

(2) C'est un principe incontestable et sacré, que celui qui
veut que tout pouvoir exécutif en OPPOSITION ACTIVE avec le
pouvoir législatif soit aussitôt déclaré en état de rebellion. Il

en

en seroient rapidement désastreuses : d'abord
tyrannie, ensuite despotisme absolu ; constituer l'opposition dans la puissance législative
seroit aussi un renversement de principes, non
pas de tous à la vérité, mais de celui qui pres-
crit la division des pouvoirs : après quelques
secousses on arriveroit au gouvernement séna-
torial, extrémité grave, dangéreuse, toutefois
plus supportable que l'autre, et non incompa-
tible avec une sorte de liberté.

Mais de ce que l'opposition ne peut être constituée dans les Républiques, ce n'est pas qu'il
faille en conclure, ainsi qu'on l'a très-habilement
fait, que le POUVOIR LÉGISLATIF y doit toujours être en union avec le POUVOIR EXÉCUTIF.
Bien que cette conclusion soit aujourd'hui
réputée un article de foi sans l'admission duquel, il n'y a repos ni salut pour les mécréans,
et n'en déplaise à l'inquisition politique, à ses
doctes familiers, nous oserons établir ici des
principes opposés que, selon notre manière
accoutumée, nous ferons ressortir de la nature

---

n'y a pas de liberté possible sans cette garantie. La loi du 19
qui a consacré et légitimé le 18 fructidor, est une preuve que
cette garantie a été reconnue. Sans cette loi, les événemens
antérieurs n'étoient qu'une insurrection contre le peuple, dans
la personne de ses représentans.

B

même des institutions et des choses. Du moment où le systême d'*union* seroit adopté, et quoiqu'ils restassent nominativement distincts, on ne niera sûrement pas que ces deux pouvoirs n'auroient plus alors qu'une seule volonté, ce qui ôte tout recours au peuple, et toute garantie à la constitution que les deux pouvoirs *unis* pourroient, sans obstacle, détruire ou modifier au gré de leurs intérêts ou de leurs caprices. On ne contestera pas davantage que dans cet état d'*union* le *pouvoir exécutif* s'étant rendu participant de la puissance législative sans avoir rendu, ni pu rendre celle-ci participante de la puissance exécutive, il ne devint bientôt le seul maître, sans plus alors s'embarrasser de l'*union*. Après quoi, pour sortir de l'esclavage, il ne reste au peuple que l'insurrection, laquelle on ne manque pas de traiter de révolte aussi long-temps que les oppresseurs sont les plus forts. Telles sont les inévitables suites de l'*union* de deux pouvoirs que toutes les constitutions libres, et particulièrement les représentatives, ont séparés avec une défiance remarquable. Que si ces résultats paroissant exagérés, on détourne les yeux pour ne les voir pas, assez d'autres non moins graves, quoiqu'en apparence moins ef-frayans, proscrivent cette *union*. Toutes les fois qu'elle existe (par systême), le pouvoir législatif cesse nécessairement d'être le premier pouvoir, il ne conserve pas même l'égalité que lui ravit l'action du gouvernement. Or, cette interversion dans l'ordre des pouvoirs, est un coup mortel à toute constitution républicaine. Ce n'est pas tout : aussi long-temps que dure l'*union*, on conçoit qu'il ne peut y avoir ni résistance, ni discussion ; le *pouvoir législatif* n'est plus qu'une chambre d'enregistrement ; dès lors, plus d'esprit public, la discussion des affaires est aussi interdite aux citoyens, ils doivent obéir sans avoir consenti, ils ne doivent connoître les lois que par leur publication. De cette dégradation à l'oligarchie, à la monarchie, au despotisme, la pente est irrésistible. Terminons par une observation décisive. Si l'on avoit voulu l'*union* des pouvoirs, on n'en auroit établi qu'un, ce qui étoit fort simple, coupoit court à toutes les interprétations et combinaisons extra-constitutionnelles, et n'exigeoit pas un effort de génie absolument impossible à des faiseurs de constitutions. Mais au contraire, dans toutes les Républiques, on s'est attaché à prévenir, non pas seulement la *réunion*, mais l'*union* des pouvoirs, instruits qu'on étoit par l'expérience que des gouvernans ne

s'*unissent* que contre et jamais pour les gouvernés. C'est donc pourquoi l'on a divisé et séparé
les pouvoirs, et cela toujours en proportion de la
latitude de liberté dont on a senti que le peuple
vouloit jouir. Dans quelques constitutions l'on
a poussé plus loin la défiance, on a voulu
qu'ils fussent ennemis. Chez nous, moins pré-
voyans, il n'en est pas ainsi ; les limites de
chacun sont seulement tracées, et la surveillance générale spécialement confiée au premier
pouvoir. D'où il résulte, que le pouvoir législatif et le pouvoir exécutif ne peuvent en aucun cas être *unis par système*, mais qu'ils sont
combinés de manière à pouvoir *concourir*, ce
qui est fort différent. Le concours n'est qu'instantané, il n'exclut ni la résistance, ni la discussion, et suppose la surveillance. Quand il y
a *union*, les besoins, les désastres mêmes de l'é-
tat, ne sont qu'un horrible moyen de cou-
vrir les malversations, les impéritics qui ont
accru ces besoins, et provoqué ces désastres ;
quand, au contraire, il n'y a que *concours*, on
pourvoit aux besoins réels, on tâche à réparer
les malheurs avec un zèle non moins ardent,
sans doute, mais qui plus désintéressé, plus
vrai, s'étend par delà encore, remonte à la
source du mal, et demandant compte des hom-

mes et des millions, des revers et même des victoires, fait voir au peuple la nécessité de nouveaux sacrifices, leurs justes proportions avec les besoins, et le rassure, l'encourage par l'espérance motivée d'un meilleur emploi. Ainsi, dans les Républiques, quoiqu'il n'y ait pas d'opposition constituée, il ne s'en suit en aucune façon qu'il doive y avoir un *systême d'union* (système de collusion ou d'oppression) entre les deux pouvoirs; il ne peut y avoir que *concours*. Ce concours est un contact instantané, non pas seulement des deux premiers pouvoirs, mais de toutes les autorités, après quoi la surveillance doit devenir d'autant plus active et rigide. Tels sont les vrais principes; nous savons très-bien qu'ils ne seront pas goûtés de tout le monde, et qu'avec une Guyanne, une centaine (2) de bastilles et des canons, on met en poudre les meilleurs raisonnements, on récuse l'évidence; mais, embastiller, déporter, fusiller, tout cela n'est pas répondre, et, quelque puissant qu'on soit, il y a des attentats dont il faut craindre de combler la mesure.

Dans le cas où il y auroit scission entre les deux pouvoirs, aucun des deux ne seroit pour

----

(1) Nous observerons qu'il y a 103 départemens.

cela en état d'OPPOSITION constituée ; le signe
caractéristique de l'opposition étant le main-
tien de l'équilibre, lequel se rompt aussitôt
par la scission. Ce pouvoir exécutif ne peut jamais que se défendre ; s'il attaque, il est rebelle :
hors la loi. Si le pouvoir législatif est l'a-
gresseur ; ce ne peut être que pour replacer
tout d'un coup, dans ses limites, le pouvoir
exécutif envahisseur par nature, et qui par
degrés auroit poussé ses entreprises jusqu'à
compromettre la liberté ; ou bien ce seroit
pour changer la forme de la constitution.
Dans la première hypothèse, le droit est clair,
et le corps législatif, à défaut de jury cons-
titutionnaire, doit, comme représentant le
peuple, s'opposer à toute usurpation ; dans la
seconde, il n'y a que le peuple lui-même qui
ait droit d'intervenir entre les deux pouvoirs ?
et s'il approuve les changemens, les actes du
corps législatif sont aussitôt revêtus de tous
les caractères de la légitimité, attendu que le
peuple a incontestablement le droit de changer
les dispositions du pacte social quand il le
croit convenable, attendu que le délégataire ne
peut s'engager absolument et indéfiniment en-
vers ses délégués. Si l'on en vient à contester
ces principes, il faut chercher en hâte et ajus-

ter la tête de Louis XVI, faire tomber celle de ses juges et décimer la nation.

On demandera peut-être où est la sûreté du gouvernement dans les Républiques? Dans son existence. Pour un gouvernement, c'est tout que d'être. Parmi les gouvernans, s'il en est qui ne sachent point apprécier cette force de l'existence, qu'ils cessent d'appuyer au timon de l'état leurs ineptes mains; qu'ils se retirent et laissent à d'autres le soin de gouverner un peuple libre, en respectant sa liberté.

On nous permettra de ne pas nous arrêter à prouver que la division du POUVOIR LÉGIS-LATIF en deux chambres, conseils, etc. ne constitue pas ce que l'on appelle l'opposition. La chambre qui doit approuver n'a que le pouvoir du refus ; ce n'est qu'un droit de *veto*, d'ailleurs facile à éluder.

Toutefois, pour n'y être pas constituée, l'opposition n'en existe pas moins dans les Républiques ; on peut dire même qu'elle en est le nerf, la vie, et que la vigueur, la ténuité ou l'anéantissement de sa manifestation donnent la mesure certaine de la prospérité, de la langueur ou de la décadence de ces institutions : c'est dans la masse entière du peuple qu'elle réside ; et pour être membre de cette respectable et salutaire opposition, il suffit d'être CITOYEN ; c'est un droit qu'on ne peut ravir à aucun d'eux, et dans l'exercice duquel nul n'en peut suppléer un autre (1). Les moyens sont la parole et la presse : la parole dans les Républiques peu étendues et peu peuplées ; la presse dans celles d'une étendue vaste et d'une grande population. La différence de ces moyens explique comment les petites Républiques sont proportionnellement plus agitées que les grandes. Les écrits portent à la réflexion, et les discours à l'action ; les premiers font méditer, mais les autres entraînent. Il faut être pur, exact et conséquent lorsqu'on écrit ; quand on parle, qu'importent tant de raison et de symétrie, où la passion et le désordre sont quelquefois un charme, et toujours une commode excuse ? Enfin, on veut enlever des suffrages, et l'impétuosité, l'éclat des mouvemens oratoires y réussissent beaucoup mieux que la simplesse de la vérité.

---

(1) On voudra bien faire attention qu'il est actuellement question de l'opposition dans les Républiques. Nul n'y pouvant voter pour un autre, nul ne peut non plus s'y rendre opposant pour autrui. Dans toute constitution où la souveraineté du peuple est reconnue et consacrée, chaque portion de souveraineté est nécessairement intransmissible : or, dans les Républiques, le droit d'opposition est inhérent à la souveraineté même dont il est le conservateur.

Résumons. Les institutions humaines ne pouvant avoir d'équilibre naturel (1), il faut y suppléer par un équilibre factice sans lequel rien n'est durable. Cet équilibre ne peut s'obtenir que par l'action et la réaction des intérêts et des passions. L'homme ayant reçu de la nature un instinct conservateur qui le fait veiller à sa sûreté et à son bien-être, cet instinct, transporté dans l'ordre social, devient le principe d'un sentiment indestructible d'inquiétude et d'opposition ; il regrette ce qu'on lui a ravi, ou ce qu'il a sacrifié de sa liberté originelle, s'oppose à de nouveaux larcins, et se refuse à de plus grands sacrifices : ainsi s'établit l'action et la réaction des intérêts et des passions entre les gouvernans et les gouvernés (2). Telle est l'origine de l'opposition qu'on doit regarder comme la portion inaliénable de la liberté.

L'opposition est l'instinct de la conservation dans l'état social.

---

(1) Cela est démontré par l'histoire depuis Adam, ou tout autre, pourvu que ce soit le premier homme connu.

(2) Cette action et réaction existe dans l'état de nature, avec cet avantage pour l'homme, qu'il n'a à se défendre alors que dans des cas infiniment plus rares, et seulement contre des bêtes féroces.

Ce sentiment plus ou moins comprimé, sui-
chaque forme de gouvernement, leur est néanmoins nécessaire à toutes ; c'est le ressort qui
soutient le mouvement du pendule.

L'opposition est essentiellement conserva-
trice : sans elle nul gouvernement n'est durable,
ni peut-être possible.

Moins les peuples ont sacrifié ou perdu de
leur liberté originelle, c'est-à-dire, plus les
formes de gouvernement sont républicaines,
plus l'opposition a d'intensité légale.

De tout ce que nous avons dit de l'opposition, il résulte :

Que c'est un droit naturel , inaliénable et
reconnu dans tous les gouvernemens, excepté
le despotique ;

Que ce droit, délégué dans les monarchies
et les gouvernemens mixtes, est intransmissible
dans les Républiques ;

Que l'opposition est le seul moyen d'équilibre, et que sans équilibre il n'y a que chaos
et destructions successives dans les combinaisons politiques ;

Que la force de l'opposition doit se com-
poser, et du dégré de son intensité légale, et
de celui de la compression qu'elle éprouve par
rapport à cette intensité ; de telle sorte qu'elle

reçoive dans une République une énergie extrême d'une compression insensible dans une monarchie (1) ;

Qu'il y a usurpation, tyrannie de la part des gouvernans, toutes les fois qu'ils compriment l'opposition dans des proportions différentes de celles qui résultent des chartes accordées aux peuples ou des constitutions voulues par lui ; et que le gouvernement devient illégitime jusqu'à ce que le peuple ait consenti cette nouvelle limitation de ses droits.

Qu'enfin, comprimer à l'excès toute opposition, c'est provoquer la dissolution du gouvernement quel qu'il soit.

DE LA LIBERTÉ DE LA PRESSE.

Avant de considérer la liberté de la presse, dans ses conséquences et sous ses rapports politiques, nous commencerons par en établir le droit ; nous essayerons de prouver en peu de mots qu'il dérive de la liberté natu-

______

(1) Quand il n'en arrive pas ainsi, c'est qu'il n'y a qu'une République et point de Républicains. Circonstance déplorable, avillissante ; résultat inévitable de la versatilité des principes, de l'abus du pouvoir, et de la corruption ; situation qui livre à-la-fois l'État et le peuple au premier occupant.

relle ; qu'il s'y rattache et qu'il en forme, ainsi que l'opposition, une portion inaliénable, avec cette différence, que la presse est essentiellement incompressible.

La liberté de la presse peut-elle être comprimée ou limitée ? Telle est la question qu'il faut examiner en l'an 7 de la République. Si nous n'avions observé plus d'une fois les étranges métamorphoses que subissent pour la plupart ceux qui boivent à la coupe du pouvoir, s'il nous étoit permis d'ignorer l'infame trafic des opinions ; la versatilité remarquable de quelques hauts personnages, dont ce ne sont pas les lumières que l'on conteste, nous arrêteroit dans nos recherches, et nous serions portés à croire à l'insolubilité d'une question alternativement résolue par eux d'une manière opposée : mais nous avons remarqué que la bonne foi conduit plus sûrement que les lumières à la découverte du vrai ; que la raison de l'homme a plus de rectitude que celle de l'ambitieux, et qu'en ces temps modernes on s'est toujours ménagé quelque supériorité dans l'esprit, en fuyant la double honte des honneurs et des richesses.

Pous savoir si la liberté de la presse peut être comprimée ou limitée, il faut expliquer ce que c'est que la presse et la liberté de la presse.

Qu'est-ce que la presse ? C'est l'instrument par lequel on multiplie les signes matériels de la pensée ; c'est une extension mécanique des organes de la parole. Qu'est-ce que la liberté de la presse ? La liberté de manifester la pensée par un moyen mécanique ; c'est la liberté de suppléer aux organes de la parole, à leur imperfection, ou d'ajouter à leur étendue. Par le secours de la presse, je parle à vingt mille, à cent mille citoyens dont ma voix n'auroit pu se faire entendre ; par la liberté de la presse je leur communique ma pensée, quelle qu'elle soit. Imprimer ou parler, la pensée est donc absolument la même chose, les moyens seuls diffèrent. La pensée imprimée retentit plus au loin, direz-vous ? D'accord ; mais dans l'état social il faut suivre en tout et uniformément les progrès des arts, qui ajoutent aux moyens naturels. Perscrirez-vous un terme à la danse et à l'escrime, par exemple, sous prétexte que la perfection de l'une rendroit trop agile et l'autre celle de trop téméraire ? Dans la nature, d'ailleurs, les organes sont d'une force et d'une perfection inégales ; et si vous limitez la presse, parce qu'elle porte trop au loin la pensée, vous ne manquerez pas de fixer aussi le port de certaines voix ; alors vous aurez un beau et grand diapason au ministère de la police, et celui qui en dépassera l'étendue sera mis sous les scellés. Revenons : la liberté de la presse n'étant au fond que la libre manifestation de la pensée, comprimer ou limiter la presse, n'est-ce pas comprimer la pensée ? Or, nul gouvernement n'a le droit ni le pouvoir de comprimer la pensée ; donc nul n'a le droit de limiter ou comprimer la liberté de la presse.

En supposant ce droit, l'exercice en seroit essentiellement tyrannique et arbitraire. La loi ne peut avoir de prise que sur les actions. Les lois, sur-tout quand elles sont répressives, ne sont que la suite des besoins sentis par la société, et dont elle est le premier juge. Que l'on condamne un voleur, nous ne dirons pas un dilapidateur, cela sentiroit le royalisme ou l'anarchie ; que l'on condamne un voleur, un assassin, un faussaire, le magistrat ne prononce que la peine : l'action a été jugée à l'avance par le peuple qui a demandé et consenti la loi par ses délégués. Mais comment condamner, à l'avance, et réprimer par une loi les combinaisons possibles de la pensée ? Chaque jugement devient donc essentiellement arbitraire, en ce que le cas repressible n'a pu être prévu, et tyrannique, en ce que le peuple n'a pu ni sentir le besoin ni

consentir la répression d'un délit moral et in-
saisissable. Et puis, quelle peine établir contre
un délit non encore commis ? Quand on a
commencé de punir le vol, c'est qu'il avoit été
commis des vols, et qu'on avoit pu apprécier
le tort qu'ils faisoient à la société. Mais comment savez-vous d'abord que je dois mal user
de la pensée, et comment apprécierez-vous ensuite l'espèce de tort que je puis faire à la société
par une pensée que je n'ai pas, qui dépend d'af-
fections que je n'éprouve pas encore, et de
mille circonstances inexistantes, ou qui ne
m'ont point frappé ? L'impossibilité de rien
fixer sur cette matière étant évidente, il est évi-
dent aussi que le gouvernement qui auroit envahi le droit de réprimer ou limiter la presse,
décideroit à son gré et suivant ses intérêts, de
la criminalité et des divers degrés de criminalité de la pensée, et de telle sorte encore qu'il
seroit non pas seulement le régulateur despotique de la pensée exprimée ou écrite, mais
celui de la pensée secrette et à venir : bon et sûr
moyen d'asservir, de dépouiller les peuples
tout à l'aise et sans redouter leurs plaintes !

On objectera qu'il y a des circonstances ou
la pensée écrite prend un corps, pour ainsi
dire. Qui le nie ? C'est quand la pensée écrite

ou parlée produit l'action|, ét que l'action est analogue à l'écrit ou au discours : résultat et analogie toujours difficiles à saisir ; mais alors c'est l'action et non l'écrit ou le discours qui se trouve susceptible de répression , ce qui, loin de le détruire , confirme le principe de l'incompressibilité de la presse. Les prédicans du despotisme auront beau se tourmenter, ils ne prouveront jamais que la pensée ait un corps. Quel que soit son objet , et qu'elle ait été ou seulement conçue , ou parlée , ou écrite, la pensée est commé non existante jusqu'à ce qu'elle ait produit l'action. La société n'a droit de répression que contre ce qui lui porte dommage sans utilité compensatrice, or comment ce qui n'a aucune force d'action , aucune existence de fait, peut-il nuire ? Lorsque l'on sévit contre un conspirateur , ce n'est point sur ses idées, sur son plan de conspiration que s'établit la culpabilité , mais sur les preuves matérielles de la mise en action de ce plan. Sortis de là , pour peu qu'il se trouve un Laubardemont (1) au

____

(1) Laubardemont, conseiller au parlement. Que votre éminence , disoit-il au cardinal de Richelieu , me donne seulement deux lignes de la main d'un de ses ennemis, et fût-il le plus honnête homme du royaume, je réponds de le faire pendre. C'était un homme de loi que ce Laubardemont.

nombre

nombre des gouvernans, nul ne peut être sûr,
je ne dis pas de sa liberté, mais de sa vie.

L'histoire des gouvernemens, il est vrai, té-
moigne souvent contre nos principes ; mais
aussi l'histoire des gouvernemens, remplie, de
meurtres atroces, regorge de sang innocent.
Et sans remonter plus loin, quand la HAUTE-
COUR NATIONALE, après la déclaration *négative*
du HAUT-JURI, sur l'existence d'une conspiration, envoya deux des accusés à l'échafaud,
aucun homme impartial en France, n'a révoqué
en doute que ce ne fût un assassinat. Que la
déclaration du HAUT-JURI ait été ou non,
conforme aux faits allégués, ce n'est pas ce
dont on peut arguer légitimement. Ce qui est
vrai, c'est que cette déclaration déchargeant
aux yeux de la loi les accusés du crime de
conspiration, les juges ne purent les condamner comme conspirateurs; ce qu'il y a de
vrai et ce qu'il y a d'horrible, c'est que des
hommes furent mis à mort pour avoir parlé,
exagéré si l'on veut, et barbouillé du papier!
Dans un siècle d'écrivains et de savans, comme
est le nôtre, ou le commis du coin fait un
roman, un système, un opéra ou une constitution par chaque mois, ceux qui influen-
cèrent la HAUTE-COUR n'annonçoient rien

moins qu'un projet d'occision générale. Et pourtant, ces misérables affectant la justice et l'humanité, reprochoient aux autres leurs barbaries ! Dès ce temps là, nous nous élevâmes contre ce jugement de la HAUTE-COUR ; nous ne partagions pas les opinions des accusés, mais ces accusés étoient des hommes, des citoyens, mais l'oppression d'un seul membre de la société nous opprime, mais nous avons toute espèce d'égorgement en horreur, et sur-tout les égorgemens juridiques ; mais enfin, faut-il le dire ? Sachant, que le glaive de l'injustice et de l'inquiète tyrannie n'épargne aucune tête, nous pressentions qu'un jour nous pourrions en être atteints ou menacés nous-mêmes. On répondit, comme il est d'usage, à nos observations par des injures, et ces écrivains mercenaires ou en délire, languissent aujourd'hui pour la plupart dans les marais de la Guyane, victimes des odieux principes qu'ils soutenoient alors.

Si l'on reconnoissoit au gouvernement le droit de comprimer ou limiter la presse, c'est-à-dire la pensée écrite, on ne voit pas trop comment on s'y prendroit ensuite pour lui refuser celui de comprimer ou limiter la pensée parlée : la parole. Les motifs de restriction, de compression sont absolument les mêmes et peut-être plus forts, si l'on considère que les discours portent plus immédiatement à l'action. Du reste ces droits sont tellement inhérens l'un à l'autre, qu'il suffit d'accorder le premier. Sans fatiguer par l'étalage d'une vaine érudition, sans secouer mal-à-propos la poussière des siècles, nous donnerons en preuve ce qui se passe depuis le 19 fructidor, époque différente en tout et très-éloignée de celle du 18. Depuis le 19 donc, où la liberté de la presse fut non pas simplement limitée, mais comprimée, anéantie, la liberté de parler le fut aussi dans les mêmes proportions. Les spectacles, les cafés, les places publiques, les bals, les jeux, les cabarets, les tavernes furent inondés d'espions (1) chargés d'écouter, de recueillir et de signaler. Sur les rapports (2) de ces espions, l'on prenoit

---

(1) Cette horde étoit et est encore très-bien et très-exactement payée. La solde des *armées actives* a été et est encore arriérée.

(2) Je sais qu'on niera l'existence de la horde et qu'on niera aussi les rapports, mais les dénégations de toutes les puissances ministérielles n'empêcheront pas que je n'aie vu, tenu et lu cent de ces rapports, entre autres un, dans lequels je figurois fort honorablement : je conspirois à moi tout seul, je pérorois, et sans vanité, je disois d'assez bonnes choses. C'étoit une petite

des mesures pour empêcher de parler, ce qui veut dire que l'on embastilloit les parleurs (1).

Pour peu que continuent ces façons de gouverner, très-républicaines, si l'on en croit certaines gens, les Français dépasseront le Russe en avilissement et en servitude. Encore quelques mois d'oppression, et esclaves, muets d'un coté, espions, sbirres, inquisiteurs de l'autre ; de grandes prisons appelées villes, des cachots plus honorables que le séjour des cités, faste des fournisseurs, opulence de leurs patrons, misère publique, désespoir, la Guyane peuplée et la France déserte, voilà l'humiliant spectacle que présenteroit à l'univers un peuple qui a triomphé de vingt rois ! On a peine à contenir son indignation quand on se rappelle que le plus grand nombre de ces fauteurs de la tyrannie, de ces oppresseurs de la pensée, a marché sous les étendards de la liberté dont aujourd'hui, déserteurs avares, ils abandonnent indignement la cause, atta-

---

farce assez bien arrangée, il n'y manquoit que d'avoir placé le lieu de la scène dans un endroit où je n'ai jamais mis le pied, et de m'avoir donné tant de résolution et d'esprit, dans un temps où j'étois malade et au lit.

(1) Un journal *officiel* a eu l'impudence d'annoncer plusieurs fois de ces arrestations arbitraires.

quant , à prix d'or , les mêmes droits qu'ils ont proclamés et qu'ils s'étoient engagés à maintenir.

Mais , s'écrient de toutes parts les astucieux partisans de la *limitation* , c'est l'abus de la chose que nous voulons détruire , et non pas la chose elle-même ; nous voulons régulariser le jeu d'un ressort dont nous reconnoissons tous l'utilité , et nous consacrerons d'autant plus authentiquement la liberté de la presse , que nous en proscrirons la licence. Vain sophisme ! en ce genre , comme on l'a très-bien dit , toute limite est un anéantissement (1). Eh ! qui ne sait que l'autorité qui détermine la limite , le fait toujours à son avantage ? Alors vous tolérez dans l'exercice de l'autorité tous les inconvéniens attachés auparavant aux abus de la presse : ce n'est plus celle-ci qui se joue de la liberté et des hommes , de la morale et de la vertu ; ce n'est plus celle-ci qui distille sur d'honorables magistrats le fiel de la calomnie , c'est le gouvernement et ses écrivains ; les maux qu'on avoit voulu réprimer subsistent , la liberté bientôt ne subsiste plus. Les productions de

______

(1) Discours de Fréron sur la liberté de la presse , prononcé à la convention nationale , l'an II de la République.

liberté illimitée, étant indépendantes de leur
nature, peuvent se balancer dans leurs effets,
et même si exactement, que le résultat soit neu-
tre; alors l'action du gouvernement reste libre
dans le sens des mouvemens constitutionnels.
Il n'en est pas ainsi des productions de la liberté limitée qui, recevant le cachet de l'autorité, en reçoivent aussi une direction uniforme
à certains égards; et cette direction n'étant
point contrariée par des moyens égaux, le résultat n'en sauroit être qu'actif dans le sens du
gouvernement, dont l'action peut, et doit in-
sensiblement cesser d'être dans le sens propre à
ses mouvemens constitutionnels. On voit par
là que le système de limitation, inadmissible
sous des rapports antérieurement déduits, doit
être particulièrement rejeté comme favorable
à l'usurpation de l'autorité et conséquemment
à la tyrannie.

Nous avons montré comment la liberté de
la presse n'étant que la liberté de manisfester
la pensée, elle étoit en conséquence, 1°. un
droit naturel, inhérent à la nature de l'homme;
2°. un droit incompressible et illimitable.

Nous avons prouvé qu'il ne peut y avoir
qu'arbitraire dans la répression de la presse,
attendu que la pensée écrite ou parlée, ne pré-

sente aucune prise à la loi, laquelle ne peut s'appliquer qu'à des actions ; attendu encore qu'on ne peut réprimer à l'avance un délit moral dont on n'a point eu d'exemple et dont l'espèce dépend de futurs contingens qui peuvent ne pas avoir lieu.

Nous avons fait toucher au doigt les suites tyranniques et inévitables des moindres atteintes portées à la liberté de penser et d'écrire, soit par la compression, soit par la limitation.

Nous avons fait voir que la limitation que l'on présente hyprocritement comme un moyen terme, ne remédie point aux abus et favorise l'usurpation.

Il ne nous reste plus maintenant qu'à considérer la liberté de la presse sous les rapports politiques et comme moyen d'opposition.

Dans une République, ce ne doit pas être seulement un vain objet d'amusement et de curiosité pour les citoyens que la recherche, la connoissance et la discussion des actes de l'autorité, c'est pour eux un devoir. La force des armées de terre et de mer, l'approvisionnement de ces armées, leurs mouvemens, (opérés, rechercher plus loin seroit indiscrétion) leurs succès, leurs défaites ; l'établissement, la rentrée, l'emploi

(40)

rée! des contributions et revenus publics; l'état
du commerce, la liberté dont il jouit, les en-
traves qui le gênent; l'agriculture, son produit
comparé à ce qu'elle paie; la police, qui n'est
rien que la sûreté publique; l'administration
de la justice, comment elle est administrée et
si elle l'est; les relations avec nos alliés, leurs
forces, leur foiblesse, leurs ressources; si l'on
exécute avec bonne foi les traités, si ces traités
sont justes et à l'avantage réciproque, comment
on traite ces alliés: avec amitié ou despotisme?
Quels sentimens ils ont pour nous: sentimens
d'amour ou de haine? Tels sont les objets qui
doivent faire l'étude et exercer la surveillance
des citoyens d'une République: chacun dans la
proportion du tems que lui laisse ses affaires
privées, et dans la proportion de ses connoissances acquises doit s'y porter avec zèle. Nous
ne prétendons pas que cette surveillance puisse
avoir une action immédiate, puisque le gouvernement est confié à des magistrats, à des digni-
taires, mais son activité contient leur ambition,
prévient des iniquités, des malversations : c'est
le coup-d'œil du *maître*. Quelqu'étendue que
soit la délégation que le peuple ait faite de
ses droits, il n'a pu s'évincer lui-même de sa
chose, de la chose publique, et de ce qu'il

en a confié la gestion, on ne peut prétendre qu'il se soit exproprié. C'est précisément ce droit inaliénable d'inspection, d'examen et de critique, qui constitue celui d'opposition et de surveillance, lequel ne se peut exercer dans un pays vaste et peuplé, que par la liberté de la presse. Ainsi, comprimer la liberté de la presse, c'est en d'autres termes, et sous l'universabilité de ses rapports, envahir la souveraineté du peuple.

Ayant montré dans la première partie de cet opuscule que l'opposition étoit légitime et nécessaire dans tous les gouvernemens, et surtout dans les gouvernemens libres, il est clair que la liberté de la presse, comme moyen d'opposition, est nécessaire également, et que contester l'une c'est contester l'autre. C'est pourquoi nous renvoyons à ce que nous en avons dit.

Ne pouvant vaincre contre les principes, on a prétendu qu'ils n'étoient vrais et admissibles qu'en théorie, c'est-à-dire, que le vrai n'étoit pas vrai ; on s'est rabattu sur le danger des conséquences dans la pratique ; et les droits du peuple, la sûreté, la garantie de chaque individu ont été avilis au point qu'ils ont servi de sujet aux plaidoyers législatifs de quelques avocats et aux amplifications de quatre ou cinq cuistres

à la ration du gouvernement. De leur ignomi-
nieux fatras, ce qui peut se concevoir, c'est
que : « les écrivains de parti n'ayant plus de
frein, provoquent à l'envi la destruction du
gouvernement présent; (quest-ce qu'écrivains
de parti ? Ensuite lequel vaut mieux de détruire
un gouvernement ou de le laisser à force d'em-
piétemens successifs, se constituer despotique) ?
que la calomnie familiarisant avec les reproches
non mérités, rend aussi moins sensible l'effet
d'une juste censure; » (combien y a-t-il de gens
qui puissent ou qui osent se vanter d'avoir été
calomniés ? Quelle *juste censure* pourroit-on
exercer quand on n'auroit plus droit de censurer)? que l'esprit public se détruit nécessairement par la multitude des opinions présentées
d'une manière également spécieuse ; (c'est quand
il n'est plus permis de présenter aucune autre
opinion que celle des gouvernans, qu'il n'y a
plus d'esprit public). — Que les vertus civiques
sont avilies ou honorées selon l'intérêt des
passions; — (nous rétorquons l'assertion contre
les limitateurs, et nous citons en preuve les
journaux officiels, invitant ceux qui en auront
le courage, à prendre au hazard cinq ou six
numéros de chacun d'eux à quelqu'époque
qu'il leur plaise: ils y verront de quel profond

respect sont pénétrés les gouvernans pour les vertus civiques).

Quand par ennui de réfuter de pareilles pauvretées, nous aurions passé condamnation sur tout ce que ces lieux communs renferment d'imputations vagues et rebattues, il resteroit encore à examiner si la somme des avantages n'est pas équivalente ou ne surpasse pas. La liberté de la presse a-t-elle plus influé sur la félicité du peuple que sur leur malheur ? qui, du despotisme ou de la liberté, de la *vraie* philosophie ou du fanatisme, du peuple ou des rois, en a jusqu'à présent recueilli de plus signalés avantages ? Nous ne craindrons pas de l'affirmer ; ce n'est assurément ni le despotisme, ni les rois, ni le fanatisme ; et parmi tant de preuves, ne suffiroit-il pas de leur haine pour elle ? quel tyran n'a pas essayé d'anéantir la presse, d'étouffer la plainte dans la poitrine de l'opprimé ?

Ouvrons les yeux enfin ; osons voir : depuis deux ans bientôt que, dans la France libre, on ne peut plus écrire ni parler, est-il un genre d'oppression que nous n'ayons éprouvé ? est-il quelque degré d'humiliation que nous n'ayons parcouru, et comme citoyens dans l'intérieur, et comme nation hors de nos frontières ? Un homme soutenoit notre gloire militaire, il avoit conquis un royaume peuplé de cinq millions d'habitans, avec une armée de vingt-deux mille hommes, et ce héros expie sa gloire dans les prisons, victime d'un maltôtier fameux par la ruine (1) et la spoliation de trois peuples alliés.

Le vainqueur du Tyrol, Joubert, non moins recommandable par sa probité, par son civisme, qu'illustre par ses travaux guerriers, Joubert est contraint d'abandonner l'Italie dont il auroit été le sauveur; il est sacrifié au fils d'un intendant de province, intendant lui-même sous la tyrannie des Bourbons, puis agioteur, puis marchand de chevaux à Paris et qui se fit envoyer dans la Cisalpine pour y *maquignoner* les finances et torturer le peuple.

La Suisse qui nous avoit appelée comme frères, est dévastée; le berceau de la liberté, le sanctuaire de la démocratie est inondé du sang des hommes libres, et la guerre sacrilège des petits cantons, si sagement évitée par Brune, dépose à jamais contre nous auprès de l'équitable postérité.

____

(1) Ce même homme a coûté à la République française 22 milliards d'assignats et 600 millions numéraire de l'emprunt forcé, le tout dans un ministère de 5 à 6 mois.

Par-tout des commissions françaises, des agens offrant aux peuples le spectacle de tous les scandales, de tous les vices, le développement de toutes les tyrannies ; par-tout aussi la haine remplaçant l'amour, et le mépris l'admiration.

La quadruple et monstrueuse alliance de l'Angleterre, de l'Autriche, de la Russie et de la Porte, conclue à la face de l'Europe, sans qu'on en soit informé que quand les Russes sont en pleine marche, et les Turcs dans les îles vénitiennes (1).

La paix cent fois refusée pendant un an (1), et toutefois nos armées dépourvues de tout et incomplettes, même sur le pied de paix.

Des conscrits accourans à la voix de l'honneur, se confondre parmi nos braves, et rebutés dès leur entrée dans la carrière par un dénuement absolu, par des négligences parricides.

---

(1) A moins que pour ne pas paroitre imbécilles et incapables, on aimât mieux dire qu'on étoit informé, mais alors il y auroit trahison ; ou stupides ou traitres : il faut choisir.

(1) Il suffit de lire les pièces publiques qui relatent les concessions successives faites par la députation de l'Empire. Les plénipotentiaires ont tout fait pour la paix, cela est connu de tout le monde, mais les plénipotentiaires, malgré leur titre, n'avoient pas tout pouvoir.

L'intérieur envahi par les brigands ; les dépê-
ches et les voyageurs escortés par la troupe à cheval, si nécessaire à l'armée ; nulle espèce de police, mais un ministre et trois cents commis pour
recueillir les propos des guinguettes, des cafés,
pour faire contribuer les passions honteuses,
affermer les jeux, mettre les scellés sur les presses
de quelques hommes assez affamés pour être
restés journalistes ; un ministre pour envoyer
au Temple les conspirateurs qui parlent ou qui
écrivent, et à la Force ceux qui ne savent ni
parler, ni écrire et qui conspirent par omission.

Arrêtons-nous, craignons de découvrir des
plaies plus récentes, plus douloureuses et plus
profondes. Tous ces maux, cependant, depuis
quand découlent-ils sur la République avec
une rapidité successive, si ce n'est depuis qu'il
n'a plus été possible d'en traduire les auteurs au
tribunal de l'opinion, si ce n'est depuis que la
discussion des affaires publiques, interdite à
chaque citoyen, il a été libre à tous les intri-
gans, à tous les empiriques politiques, à tous
les visionnaires, à tous les fanatiques *philo-
sophistes*, à tous les corrupteurs, à toutes les
corruptrices, d'obséder le gouvernement, d'envahir les places, de proposer leurs sottises ou
leurs fripponneries sans crainte d'être réfutés,

confondus ou démasqués ? L'intrigue, cessant d'être contenue par aucune digue, a débordé ses limites. Loin donc que les abus de la presse l'emportent sur les avantages que le peuple en retire, on voit clairement qu'aussitôt qu'elle cesse d'être un moyen de surveillance ou d'opposition, tous les genres de sottises, de déprédations et de dégradations civiles peuvent en un instant assaillir la chose publique.

Les ennemis ou les limitateurs de la presse se servent encore d'un autre subterfuge pour justifier leur système de proscription : ruse d'école, digne à-la-fois et d'eux et de leur cause. Ils affectent de croire qu'on ne considère dans la liberté de la presse que la liberté des journaux ; et faisant ainsi une affaire particulière d'une thèse générale, ils arrangent assez bien quelques petites considérations politiques, quelques rapprochemens d'époques, à l'aide desquels ils prétendent ensuite qu'il faut limiter la presse, parce qu'il faudroit, selon eux, surveiller les journaux. Que si on leur répond que les journaux sont des produits de la presse, comme tout ce qui s'imprime, depuis l'in-folio jusqu'aux étrennes mignones, qu'il ne s'agit pas de journaux, mais de la liberté de la presse, et qu'ils doivent discuter sur le fond qui réglera les accessoires ; ils déclarent alors que la presse est libre de droit ; puis ils pérorent sur la nécessité de censurer les journaux ; et puis ces gens-là disent qu'ils raisonnent, et le gouvernement croit avoir fait de merveilleuses acquitions !

Premièrement la liberté de la presse s'applique à tous ses produits ; tout ce qui a été dit en faveur de son incompressibilité se rapporte également aux journaux ; ensuite, si l'on faisoit, à cet égard, une exception injuste autant qu'inconséquente, exception qui infirmeroit toujours plus ou moins le principe, le gouvernement se trouveroit en quelque sorte constitué directeur de l'opinion publique (car il va sans dire qu'il ne réprimeroit que ceux qui s'écarteroient de ses maximes, et que la crainte des scellés les assoupliroit bientôt à ses desirs). Il ne s'agit plus que de savoir s'il peut appartenir au gouvernement de diriger, ou seulement d'influencer l'opinion publique, et si même ce seroit le vrai but, quoique le résultat, de la loi qui établiroit ou prorogeroit la censure ? Nous ne le pensons pas. L'opinion publique est la première des puissances morales : les législateurs la doivent consulter ; et les despotes qui la bravent en sont toujours punis.

Cette

Cette puissance n'est ni chimérique, ni capri-
cieuse : elle se forme des passions individuelles,
élaborées par le tems et la sagesse ; c'est elle
qui proclame les besoins du peuple, ses mécon-
tentemens et sa reconnoissance ; elle décide de
la moralité des actions des hommes ; elle pour-
suit par le blâme ceux contre qui les loix sont
muettes ou impuissantes, et récompense de la
flatteuse approbation la vertu modeste, trop
souvent dédaignée par les dépositaires du pouvoir. Elle est essentiellement indépendante. Il
n'y a point d'opinion publique à Constantinople ; il n'y en a plus en France.

Le gouvernement n'ayant pas le droit d'influencer l'opinion, et ne pouvant l'usurper sans
qu'il en résulte les plus dangereuses conséquences, on ne conçoit guères comment, avec
ce droit, on lui confieroit encore celui de la
censure. Le gouvernement a ses journaux aussi,
qu'assurément il ne censurera pas pour avoir
suivi ses intérêts et ses passions ; de sorte que
la censure frapperoit uniquement sur les écrivains populaires, sur les défenseurs de la liberté
et de la constitution attaquées toujours plus
ou moins ouvertement par les gouvernans
de tous les pays. Ensuite quelle est cette nouvelle jurisprudence qui enlève des citoyens

à leurs juges naturels , pour les soumettre aux caprices hébétés d'un ministre endoctriné par un commis, dont les haines, l'ignorance et la servilité dictent trop souvent les rapports? Depuis quand les propriétés d'un citoyen, quelqu'il soit, ne sont-elles plus des propriétés ? Or de quel droit, et par quels principes frapper de saisie ou d'inactivité les instrumens matériels d'une profession, instrumens respectés par toutes les loix et par toutes les ordonnances ? Eh bien ! dites-vous, l'on établira un tribunal de censure, et les écrivains auront leurs juges particuliers, comme les commerçans ont les leurs. Premièrement, il vous faudra un jury, ou votre tribunal ne sera qu'une commission : alors ce n'est plus votre affaire, car c'est le jury sur-tout qui vous tourmente ; ensuite votre tribunal, avec ou sans jury, n'est qu'un réchauffé de l'inquisition : oui, de l'inquisition. Le saint-office est le seul établissement judiciaire qui, depuis la création du monde, ait été investi du droit de juger la pensée. De-là aussi sont sorties ces stupides et effroyables condamnations, qui envoyoient périr un homme au milieu des flammes, parce que lui et ses écrits sentoient *l'hérésie*, parce qu'il avoit avancé des propositions *mal - sonnantes*. Or, l'*hérésie*, le *mal-sonnant* en politique, est de s'opposer aux usurpations de la puissance, aux dilapidations, aux injustices, à toute espèce d'abus de pouvoir. Nous laissons aux restaurateurs de l'inquisition la honte d'en tirer eux-mêmes les conséquences (1).

---

(1) Beaucoup d'autres considérations militent encore en faveur de la liberté des écrits périodiques, indépendamment du principe qui veut la liberté de la presse, mais j'ai craint d'être accusé, sinon de partialité, au moins de prédilection en donnant trop d'étendue à cette partie de la thèse générale. On n'auroit pas manqué de dire fort spirituellement et avec finesse : *vous êtes orphèvre, Mr. Josse !*

Il est vrai, j'ai rédigé la gazette nationale de france dont j'étois le propriétaire. Une impartialité constante, un amour vrai et senti de l'ordre et de la liberté, ont caractérisé ma rédaction bien plus que le talent comme écrivain, et m'ont aussi bien plus souvent acquis l'estime de mes concitoyens.

Après le 18 fructidor, que j'avois cru nécessaire, et par suite de mon opinion sur l'état des choses, et parce que j'étois assuré que le parti opposé feroit un 19 ; après le 18 qui nous rappele l'apologue du cheval qui se veut venger du cerf, je refusai de fléchir le genou devant le colosse de puissance qui s'élevoit alors sur les débris de toutes les opinions également proscrites ; je refusai d'applaudir à cette multitude d'actes arbitraires qui présageoit assez l'oppression d'aujourd'hui. Dès le 20 fructidor, j'avois réclamé contre le pillage des imprimeries, dès le 22 contre l'odieuse déportation de Dupont de Nemours, ensuite contre la détention de Lacretelle, qui après deux ans d'inutiles plaintes, gémit encore dans les cachots du Temple, sans avoir été interrogé, sans pouvoir obtenir d'être mis en jugement. J'osai, au milieu du silence et

Pour dernier effort contre la liberté de la presse, *les limitateurs* ont été rechercher des conjectures de Mably, sur ce qu'auroient fait les anciens s'ils avoient connu la presse. Ces conjectures nous semblent tout au moins hasardées ; il est toujours très-difficile de savoir ce qu'auroit fait un peuple et même un homme, s'il eût été dans des circonstances différentes

---

de l'approbation générale discuter quelques projets de loi, j'essayai d'éclairer l'opinion sur quelques mesures, que depuis l'opinion et l'expérience ont proscrites : J'usai de mes droits de citoyen. Le gouvernement ne put souffrir tant d'indépendance ; un républicain lui a toujours, et avec raison, porté plus d'ombrage que cent royalistes. Le 28 frimaire on mit les scellés sur mes presses. Un mois après ils furent levés ; on m'enjoignit de reprendre la plume ; je ne crus pas devoir me déshonorer ; on revint à la charge, mais sans plus de succès. Alors on prétendit que puisque je n'écrivois pas, je conspirois, ou que tout au moins, j'avois envie de conspirer, en conséquence on *me force* à vendre la propriété de mon journal, trop heureux, ajoutoit-on, qu'on voulut bien me permettre la vente d'une chose dont on pouvoit disposer par les scellés et l'enlèvement des registres. Est-ce qu'un homme comme cela a des propriétés, s'écrioient le ministre et ses commis ?

Un nommé le Hodey, l'un des plus vils suppots de la police, a joué un grand rôle dans cette persécution spoliatrice. Ce misérable, habitué à vendre depuis dix ans ce qu'il apelle sa plume et son talent, il ne concevoit pas qu'un rebelle comme moi ne fut pas déporté ; il s'extasioit devant la magnanimité du directoire !

de celles où il s'est trouvé. Les Républiques anciennes comptoient peu de citoyens ; il se connoissoient pour la plupart , et exerçoient , immédiatement sur la place publique et sous les portiques , cette liberté de pensée , pour la manifestation de laquelle nous avons recours à la presse , parce que nous sommes plus nombreux. Leurs discussions entr'eux , étoient pour eux ce que sont pour nous celles de nos écrivains périodiques ou autres. Il n'y a donc nulle induction à tirer de leur conduite , supposé qu'elle eût été répressive , ce qui ne peut se prouver. Au reste , il faut le publier, Mably que l'on cite , et que l'on cite sans imiter sa bonne-foi , dit lui-même : « Il est vrai que » sans la liberté de la presse , *il ne peut y avoir* » *de liberté de penser* , et que nos mœurs, par » conséquent , et nos connoissances ne peuvent » faire aucun progrès ». (Observation sur les lois et le gouvernement des États-Unis d'Amérique , lettre troisième , page 354 , édition de Lyon 1792). Nous terminerons par cet aveu décisif d'un publiciste que la franchise et la droiture n'abandonne jamais , même dans ces erreurs.

De tout ce que nous avons dit sur l'opposition et sur la liberté de la presse , il résulte :

Que l'opposition et la liberté de la presse dérivent également de la liberté naturelle ;

Que la liberté de la presse est un moyen d'opposition , qu'elle est incompressible, et qu'elle n'est pas susceptible de limitation ;

Que par-tout où l'opposition et la liberté de la presse sont comprimées, le peuple est évidemment mis hors de ses droits ;

Qu'enfin dans les gouvernemens fondés sur le principe de la souveraineté du peuple, lorsque l'opposition et la presse sont enchaînées, il y a rébellion contre le souverain ; que la nature des rapports entre le peuple et ses délégués étant totalement changée, il y a nécessité de révolution ou de redressement, ou esclavage jusqu'à l'insurrection du souverain (du peuple) , contre ceux qui ont usurpé ses droits. Le moyen de prévenir ces crises, est de rendre , de bonne grace, au peuple ce dont la force des choses et l'imprescriptibilité du droit le mettra toujours en possession.

TUROT.